Evelina Jecker Lambreva • Niemandes Spiegel

FSC
www.fsc.org
MIX
Papier aus verantwortungsvollen Quellen
Paper from responsible sources
FSC® C105338

Evelina Jecker Lambreva

Niemandes Spiegel

Gedichte (bulgarisch-deutsch)

Aus dem Bulgarischen von
Evelina Jecker Lambreva
und Thomas Frahm

CHORA

Die Übersetzungsarbeiten an dem vorliegenden Band wurden gefördert durch ein einmonatiges Aufenthaltsstipendium im Europäischen Übersetzer-Kollegium NRW in Straelen vom

Ministerium für Familie, Kinder,
Jugend, Kultur und Sport
des Landes Nordrhein-Westfalen

Lektorat und Gestaltung: Thomas Frahm

Printed in Germany

ISBN 978-3-929634-65-5

Zeitweise Rückkehr

Нарисувай ми детския спомен

Нарисувай ми детския спомен,
с гората
и моста,
по който след своето чипо носле
радостта ми полита,
сякаш е ангел, прегърнал
в душата земя и небе.

Нарисувай ми детския спомен
на плажа,
препуснал след вятъра
в дива вълна.

Нарисувай ми нощния танц на мечтите,
погнали с факли и песен съня.

До тях нарисувай накрая и мене,
дете неразбрано, луда жена,
в очите ѝ парещи кестени светят
и детския спомен превръщат
в сълза.

Kindheitserinnerung

Male mir die Kindheitserinnerung
mit dem Wald
und der Brücke,
über die meine Freude flog,
immer der Stupsnase nach,
als sei sie ein Engel,
der Himmel und Erde umarmt.

Male mir die Kindheitserinnerung
am Strand,
wild dem Wind hinterher
hinein in die stürmische Brandung.

Male mir den nächtlichen Tanz der Träume,
die den Schlaf vertreiben
mit Fackeln und Gesang.

Zum Schluss male neben ihnen auch mich,
das unverstandene Kind, die verrückte Frau.
Maronen glühen in ihren Augen,
die die Kindheitserinnerung verwandeln
in eine Träne.

Завръщане в град Елена

Не ме познава вече моят град,
из който растнах – влюбвах се, обичах,
където моят смях – на водопад –
от Калето към площадите се стичаше.

Замлъкнала е крехката река,
от некролог усмихва се съседът,
мълчи пред мен и входната врата,
балкончето с бръшлян по гредореда.

Кога успя да опустее този свят,
довчера пял с китари до забрава,
а може би да се завърнеш чужд, е ад?
и смърт на живо в спомен преживяна . . .

Rückkehr nach Elena

Meine Heimatstadt, in der ich aufwuchs,
mich verliebte, liebte, in der mein Lachen
wie ein Wasserfall vom Hügel herab
über die Plätze rann, kennt mich nicht mehr.

Stumm geworden ist der schmale Bach,
ein alter Nachbar lächelt von der Todesanzeige,
auch die Eingangstüre vor mir schweigt,
der kleine Balkon, auf dem Efeu rankt.

Wann ist diese Welt nur so verödet,
die noch gestern aus vollem Halse zur Gitarre sang?
Oder ist es nur die Hölle, als Fremder heimzukehren
und Tod lebendig als Erinnerung zu erfahren?

Изгрев

Пометоха те ветрове.
Дъждове заличиха следите ти.
Времето – това самотно море – те разкъса на две
и те отвлече далече
от спомените ми-чистилища.
Сега не знам,
дали изобщо те е имало
или съм те измисляла
с вироглаво постоянство,
когато мечтите ми искаха плът,
когато плътта ми крещеше за обич – и път,
когато досънувах
самотата на птица в мразовитото небе
и в очите ти виждах как изгряваше слънцето.

Sonnenaufgang

Winde fegten dich hinweg,
Regenschauer verwischten deine Spuren.
Die Zeit – dieses einsame Meer – riss dich entzwei
und schleppte dich fort
aus dem Fegefeuer meiner Erinnerungen.
Jetzt frage ich mich,
ob es dich überhaupt je gab
oder ob ich dich mir ausdachte,
trotzig,
als meine Träume Fleisch wollten,
mein Fleisch nach Liebe schrie – und einem Weg,
als ich zuende träumte
die Einsamkeit des Vogels am frostigen Himmel
und in deinen Augen sah, wie die Sonne aufging.

Криле да имах

Аз трябва пак да тръгвам,
а раницата ми тежи . . .
Душата – стисната в каиши,
убиват ми обувките,
боли . . .

Криле да имах,
да политна
над трънените долини,
час по-скоро да достигна
гнездата на сънувани мечти . . .
Те са някъде отвъд, далече
в небето на самотните орли –

Криле да имах, полет вечен,
а раницата тъй тежи . . .

Hätte ich nur Flügel

Wieder muss ich aufbrechen,
doch der Rucksack ist mir so schwer . . .
Die Seele – eingeschnürt,
die Schuhe bringen mich noch um,
es schmerzt . . .

Hätte ich nur Flügel,
zu fliegen
über dornige Niederungen,
um rascher zu erreichen
die Nester geträumter Träume . . .
Weit weg sind sie, himmelhoch
bei den einsamen Adlern –

Hätte ich nur Flügel, ewigen Flug –
doch der Rucksack ist mir so schwer . . .

Време за любов

Потропва с есенни ботуши
вън, по алеите, дъждът.
Две котки влюбено се душат.
Мъглите, сънени, мъждят . . .

Не ги смущават минувачи,
ни студ, ни мокрите листа,
ухажват се в дует провлачен –
изпиват се с очи в страстта . . .

И време за любов настана:
на прага срещам нежността,
разтапят ме две мъжки длани
в пространството и вечността . . .

Zeit für Liebe

Mit herbstlichen Stiefeln stampft
auf den Parkwegen der Regen.
Zwei Katzen beschnüffeln sich verliebt.
Verschlafen schimmern Nebelschwaden . . .

Nicht einmal die Passanten stören sie,
nicht Kälte, nicht die nassen Blätter.
Das Duett ihrer Werbung will nicht enden.
Sie verzehren einander mit Augen . . .

Da ist die Zeit für Liebe gekommen:
Auf der Schwelle begegnet mir Zärtlichkeit.
In zwei Männerhänden schmelz ich dahin
in Raum und . . . Zeitlosigkeit.

Смъртта на баща ми

Баща ми на днешния ден се спомина,
затвори очи и в нощта отлетя.
След него изви се буря и силен
гръм през октомври разтресе света.

Светкавица бледа посочи му пътя,
отчаяно някъде пес заскимтя,
и призрачна есен лика му закъта
под стария кестен, потънал в цветя.

А после небето внезапно утихна,
свещици запали в смирена тъга.
Баща ми на другия ден се усмихна –
след нощната буря възкръснал в дъга.

Der Tod meines Vaters

Mein Vater ging von uns am heutigen Tag.
Er schloss die Augen und flog fort in die Nacht.
Nach ihm zog Sturm auf. Und ein starkes
Oktobergewitter schüttelte die Erde.

Ein bleicher Blitz wies ihm den Weg,
verzweifelt heulte ein streunender Hund.
Der gespenstische Herbst verbarg sein Gesicht.
Unter einer alten Kastanie ertrank er in Blumen.

Dann wurde der Himmel plötzlich ganz still,
entzündete Kerzen in stiller Trauer.
Am Tag nach der Sturmnacht lächelte mein Vater –
in einem Regenbogen auferstanden.

Ева

Стреснати от свирката на влака,
две капки дъжд потърсиха убежище в очите ми.
Сложили железничарските си шапки,
два кълвача подадоха зелено в коловоза,
на който чаках, яхнала мечтите си.
И за да не мръзна през нощта,
когато се надбягвам с ветровете,
посадих в душата си смокинова гора,
в която да се любят боговете.

Eva

Aufgeschreckt vom Pfeifen des Zuges
suchten zwei Regentropfen Zuflucht in meinen Augen.
Mit ihren Bahnhofsvorstehermützen auf
gaben zwei Spechte auf dem Bahnsteig grünes Licht,
wo ich meine Träume bestiegen hatte und wartete.
Um nicht zu frieren in der Nacht,
wenn ich mit den Winden um die Wette laufe,
pflanzte ich in mir einen Wald aus Feigenbäumen,
in dem die Götter Liebe machen konnten.

На гарата в Цюрих

Сред пъстрия шемет забързани хора,
във стара количка, загърната с шал,
седи побеляла жена – и в простора
сякаш тъгува по миг отлетял.

В задушната жега и в зимния мрак
от сутрин до вечер посреща
със радост в очите поредния влак –
и сякаш за нея животът е среща.

В количката някой оставил е цвете
и днешния вестник, бутилка с вода . . .
Коя ли е тя? С белотата си свети
по-ярко от всяка небесна звезда

Смирено, във унес на жива икона
със кротка усмивка дарява света
и с щедрата благост на земна мадона
разказват, за всички ни моли се тя.

Am Züricher Bahnhof

Mitten im bunten Trubel eilender Menschen
sitzt im Rollstuhl, eingehüllt in einen Schal,
eine weißhaarige Frau – und in der Ferne
trauert sie wohl einem verflogenen Augenblick nach.

In schwüler Hitze wie im finsteren Winter
empfängt sie von morgens bis abends
mit freudigem Blick jeden ankommenden Zug,
als wäre das Leben selbst so eine Begegnung.

Jemand hat ihr eine Blume in den Rollstuhl gelegt,
die Zeitung von heute, eine Flasche Wasser . . .
Wer ist die Frau? Ihr Weiß strahlt
heller als jeder Stern am Himmel.

Fromm und entrückt wie eine lebende Ikone,
beschenkt sie die Welt mit sanftem Lächeln.
Mit der großzügigen Milde einer irdischen Madonna,
so sagt man, betet sie für uns alle.

Спомен

Спомен в душата ми
щракна с погрешния ключ
и го счупи в ключалката.
Утре отново сърцето ще думка затворено –
няма да има кой да го чуе –
всички ще бързат за работа . . .

Erinnerung

Eine Erinnerung drehte in meiner Seele
den falschen Schlüssel herum
und brach ihn im Schlüsselloch ab.
Morgen wird mein Herz wieder gegen die Tür hämmern
und niemand wird es hören –
in der Hetze auf dem Weg zur Arbeit . . .

Такава любов

Когато небето запуши с хиляда лули
и звъннат със своите арфи тръстиките,
когато липите в златисти поли
полюшват свенливо глави тъмнолики,

любов със очите на кестен горещ
ще чака в крайпътната нива
и, сякаш наказана грешница, свещ
ще носи и пали, дордето е жива.

Когато на орган в душата й Бог
със тежки акорди засвири,
притихнал от нежност, пред нея Ван Гог
рисува картина със ириси.

Такава любов, полудяла в небето,
не моли, не иска,не пита –
подобно светкавица бяла сърцето
жигосва – и после отлита.

So eine Liebe

Wenn der Himmel aus tausend Pfeifen raucht
und die Schilfharfen rauschen,
wenn die Linden mit goldenen Röcken
geniert ihre dunklen Häupter schütteln,

wird eine Liebe mit heißen Maronenaugen
im Acker neben dem Weg warten
und wie eine bestrafte Sünderin eine Kerze
tragen und anzünden, solange sie lebt.

Wenn Gott mit schweren Akkorden
auf der Orgel ihrer Seele zu spielen beginnt,
verstummt aus Zärtlichkeit vor ihr Van Gogh
und malt sein Bild mit den Irisbeeten.

So eine verrückte himmlische Liebe,
die bittet nicht, verlangt nicht, fragt nicht –
die durchbohrt wie ein gleißender Blitz das Herz,
verbrennt es und zischt weiter.

Виенско Колело

Като хвърчило, което се кани да литне,
на детската радост събрало мощта,
като огърлица от бисери ситни,
лъщи на изящния врат на нощта.

Със цирка пристига и с него си тръгва –
като мечтата с живота ръка за ръка,
върти се, рисува най-светлите кръгове
над купола тъмен, с надежда тъкан.

Снагата си бяла в небето издига,
сълзите превръща в кръжащ звездопад,
но тесни, гондолите все не достигат –
не могат всички сърца да сберат . . .

Примижвам във мрака . . . Очите ми галят
мечтата, която пред мене блести.
Животът е цирк, от тълпата изкалян,
но моят копнеж колелото върти.

Riesenrad

Wie ein Drachen, der dabei ist, hochzufliegen,
von der Kraft der kindlichen Freude gepackt –
Wie eine Kette aus feinen Perlen
glänzt es um den grazilen Hals der Nacht.

Es kommt und geht mit der Kirmes –
wie Traum und Leben, Hand in Hand.
Es dreht sich, malt grell leuchtende Kreise
auf die dunkle Kuppel, aus Hoffnung gewebt.

Es reckt seine weiße Gestalt in den Himmel,
verwandelt Tränen in kreisenden Sternenregen.
Doch zu eng und zu wenig Gondeln hat es –
nicht alle Herzen finden darin Platz . . .

Ich blinzle im Dunkeln, meine Augen streicheln
den Traum, der vor mir strahlt.
Das Leben ist ein Rummel – von der Menge verschmutzt,
doch meine Sehnsucht treibt's an, das Riesenrad.

Докато ме има

Като подарък своя изгрев отварям
с очи, по новия ден закопнели.
Политам след плаща му, сякаш пчела съм,
да търся сред делника скрити вселени.

Стискам мига като цветна прашинка
от слънце, разцъфнало над планините
за малко – докато нехайно с копита
го смачка керванът на земното време.

Не оставям днешната радост за утре,
за черни дни бели пари не спестявам,
щом върху мен се изсипе градушка,
своята болка крещя сред полята.

Докато сланата ми свие сърцето
и моите изгреви в лед се превърнат,
ще бъда сред дъхаво утро пчелата,
малкото цвете с обич прегърнала.

Meinen Sonnenaufgang öffne ich wie ein Geschenk
mit Augen voller Sehnsucht nach dem neuen Tag.
Hinter seinem Umhang fliege ich her wie eine Biene
und such im Alltag versteckte Universen.

Den Augenblick halte ich fest wie ein farbiges Körnchen
unter einer Sonne, die über den Bergen erblüht ist,
nur kurz, bis die Herde der Erdenzeit
mit ihren Hufen sie fahrlässig zertritt.

Die Freude von heute verschieb ich nicht auf morgen,
für schwarze Tage spare ich kein weißes Geld *,
wenn sich Hagel über mich ergießt,
schreie ich meinen Schmerz hinaus ins offene Feld.

Bis der Raureif mein Herz schrumpfen lässt
und meine Sonnenaufgänge in Eis verwandelt,
bleibe ich im duftenden Morgen die Biene,
die die kleine Blume mit Liebe umarmt.

** bulgarisches Sprichwort. Entspricht dem deutschen „Spare in der Zeit, so hast du in der Not."*

Остани ми любовник

Остани ми любовник, когато наяве
денят ме помита сред делнични грижи.

Остани ми любовник, когато в мъглите,
изгубила пътя, и тебе не виждам.

Остани ми любовник даже зад прага,
зад който ни дебне съпружеска скука.

Остани ми любовник до края –
нощта да събличам, от теб се научих . . .

Bleib mein Geliebter

Bleib mein Geliebter, wenn der Alltag
mit seinen Sorgen über mich hinwegfegt.

Bleib mein Geliebter, wenn ich im Nebel
den Weg verliere, selbst dich nicht mehr sehe.

Bleib mein Geliebter auch hinter der Schwelle,
wo die eheliche Langeweile lauert.

Bleib mein Geliebter bis zum Ende –
die Nacht zu entkleiden lernte ich von dir . . .

Следобед

Зимата с препълнена пазарска чанта
чака си таксито уморена.

Кучето пред магазина дреме
и своята скука унило примлясква.

В кафенето на чашка еспресо
самотата във вечна любов ми се врича.

Am Nachmittag . . .

. . . wartet der Winter mit überfüllter Markttasche
müde auf sein Taxi.

. . . schlummert der Hund vor dem Laden
und schmatzt träge seine Langeweile.

. . . schwört mir im Café bei einem Espresso
die Einsamkeit ewige Liebe.

Толкова пролети

Мътни талази от ледени грижи
напъпила пролет отнася,
радва се над снеговете кокиче,
че късият ден е пораснал.

Толкова пролети дивни и крехки
в моята сянка заспаха,
с цвят на разцъфнали вишни, косите
техния спомен беляза.

Толкова пролети влюбени, диви
и в моя живот отшумяха.
Само душата остана кокиче,
във всеки сезон оцелявало.

So viele Frühlinge

Trübe Wellen eisiger Sorgen
schwemmt der knospende Frühling fort.
Im Schnee freut sich ein Schneeglöckchen,
dass der kurze Tag gewachsen ist.

So viele Frühlinge, bezaubernd und zart,
schliefen in meinem Schatten ein.
Das Haar mit der Farbe von Kirschblüten
markiert ihr Gedächtnis.

So viele Frühlinge, wild und verliebt,
verklangen auch in meinem Leben.
Nur die Seele bleibt ein Schneeglöckchen,
das jede Jahreszeit überlebt.

Градът в неделя

Неделно опустял
и от студа изтръпнал,
като самотник в зимната мъгла,
градът се моли някой да го стопли,
душата му да приюти в нощта.
Протегнал улици като ръце стоцветни,
навярно търси своите чеда,
потънали в ръкава на неделята,
някъде далече от света . . .

Разхождам се из празните площади,
и може би единствено дъхът ми
оставя във очите им следа.
Чия съм в този град, във който
мечтите ми се давят в самота?
Трамваи скърцат, тромави и строги:
„Тук ще си останеш чужденка!"

Sonntag in der Stadt

Sonntäglich verödet
und starr vor Kälte,
bittet die Stadt, die im Winternebel aussieht
wie ein einsamer Wanderer, jemand
möge sie wärmen, ihr ein Obdach geben für die Nacht.
Sie streckt ihre bunten Straßen aus,
als suche sie nach ihren Kindern,
die verschwunden sind im Ärmel des Sonntags
weit fort aus der Welt . . .

Ich spaziere über die leeren Plätze
und es ist nur mein Atem,
der eine Spur in ihren Augen hinterlässt.
Wem gehöre ich in dieser Stadt,
wo meine Träume sich verlieren?
Die Straßenbahnen knarren streng und träge:
„Hier bleibst du für immer eine Fremde!“

Между Матерхорн и Шипка

На един хвърлей място от тук,
между Матерхорн и Шипка,
изгубих своето малко небе –
портмоне с пъстроцветни нашивки.

Стада от облаци в него държах,
звездопад от мъглижката вечер,
варненско слънце от кехлибар
и стрък лавандула за свежест.

Давам награда на оня от вас,
портмонето решил да ми върне,
ще го познаете даже по птичия глас
на гугутката, в утрото хвръкнала.

Без него съм бедна и всички пари
в живота ми няма да стигнат
да оцелея, когато снегът ме топи
между Матерхорн и Шипка!

Zwischen Matterhorn und Schipka*

Einen Sprung von hier entfernt,
zwischen Matterhorn und Schipka,
verlor ich meinen kleinen Himmel –
ein Portemonnaie mit bunten Aufnähern.

Herden von Wolken trug ich darin,
Sternschnuppen aus dem Măglischer** Abend,
eine Varnaer*** Sonne aus Bernstein
und ein Stängel Lavendel für die Frische.

Eine Belohnung gebe ich demjenigen,
der mein Portemonnaie findet und mir zurückgibt.
Erkennen werdet ihr es an der gurrenden Stimme
der Taube, die am Morgen hinausfliegt.

Ohne es bin ich arm, all mein Geld
wird mir im Leben nicht reichen,
um zu überleben, wenn der Schnee mich schmelzt
zwischen Matterhorn und Schipka!

** Schipka – eine Bergspitze im Balkan, an der 1878 die entscheidende Schlacht zur Befreiung geschlagen wurde*
***Măglisch – kleine Stadt im Rosental, in der die Autorin aufgewachsen ist.*
**** Varna – die größte Stadt an der Schwarzmeerküste Bulgariens*

Вечер

През открехнатата ми врата
като котка промъква се здрачът.
Маслинена вечер отпуска снага
и поляга в скута на хълма.

Звънват в тревите безсънни щурци,
звезди и светулки танцуват.
От своите мисли, една по една,
свалям тежките дрехи на думите.

Плахо пръсти протягат мечти,
от които ухае на дюли.
И ми се иска светът да заспи,
когато отново се влюбвам.

Abend

Durch meine halboffene Tür herein
schleicht wie eine Katze die Dämmerung.
Der olivfarbene Abend lässt sich nieder,
legt sich in den Schoß des Hügels.

Trunkene Grillen zirpen im Gras,
Sterne und Glühwürmchen tanzen.
Ich ziehe meinen Gedanken nacheinander
die schweren Kleider der Worte aus.

Träume strecken scheu ihre Finger aus.
Sie duften nach Quitten.
Und ich wünschte mir, die Welt schliefe ein,
wenn ich mich wieder verliebe.

Прощъпулник

Детенце, към майка си припнало,
откриваш света по топлинки.
Ръчички разперваш, сякаш ще литнеш –
мъничка, смешна калинка.

Разтичва се мама и почва да меси
питката за прощъпулник.
От радост ли плаче? Или пък от мъка,
че всъщност от нея си тръгваш?

Proshtäpulnik (Lauflerntag) *

Kindlein, du tappst zu deiner Mutter
und entdeckst die Welt in Pantoffeln.
Die Ärmchen breitest du aus wie zum Fliegen
der lustige kleine Marienkäfer.

Da läuft die Mama, rasch den Teig zu kneten
für das Fladenrundbrot zum Lauflerntag.
Weint sie vor Freude? Oder fließen die Tränen,
weil jetzt dein Weggang von ihr beginnt?

** Ein bulgarisches Fest anlässlich der ersten Schritte des Kindes: Lauflernfest*

Най-важното на този свят

Трябва да си някъде съвсем наблизо,
когато белият божур избухва
в следдъждовна пролет,
за да видиш как победоносно
светлината се завръща
от покоите на зимата.

Когато към разтворените ти ръце
полита бръмбарче звънливо,
ще разбереш –
най-важното на този свят
е да те има.

Das Wichtigste auf dieser Welt

Du musst irgendwo ganz in der Nähe sein,
wenn die weiße Pfingstrose explodiert
nach der Regenzeit im Frühling,
um zu sehen, wie siegreich
das Licht zurückkehrt
aus der Etappe des Winters.

Wenn in deine geöffneten Händen
ein summender Käfer fliegt,
wirst du verstehen:
das Wichtigste auf dieser Welt ist,
dass es dich gibt.

Niemandes Spiegel

Мъжът

Мъжът, пред когото немея,
не вика по-силно от мене.
Мъжът, пред когото бледнея,
с юмрук не държи на колене.

В света му не чакат безброй хубавици,
ни яхта в Монако, ни вила във Кан.
Душата му – дом за премръзнали птици,
смехът му – сред жаркото лято фонтан.

Мъжът, във когото се вричам, съблича
сърцето ми женско със блага ръка,
посегнала точно мен да обича
в листака на някоя дива лъка.

Мъжът, пред когото на прага застивам,
вторачен във залеза, пуши лула;
а вечер, когато до него заспивам,
Бог се прережда в две топли тела.

Der Mann

Der Mann, vor dem ich verstumme,
schreit nicht lauter als ich.
Der Mann, vor dem ich erblasse,
zwingt mich nicht mit der Faust in die Knie.

In seiner Welt warten nicht unzählige Beauties,
weder eine Yacht in Monaco noch eine Villa in Cannes.
Sein Herz ist ein Heim für frierende Vögel,
sein Lachen ein Brunnen in der Sommerglut.

Der Mann, dem ich mich verspreche, entkleidet
mein Frauenherz mit einer Hand, ganz behutsam
ausgestreckt, um genau mich zu lieben
unter dem Blätterdach eines wilden Waldes.

Der Mann, vor dem ich auf der Schwelle innehalte,
schaut in den Sonnenuntergang und raucht dabei Pfeife;
und abends, wenn ich neben ihm einschlafe,
wird Gott in zwei warmen Körpern wiedergeboren.

Бяла Смърт

Прогоня ли от себе си
пчели, щурци, кълвачи и звезди,
полегнали в уханните ми длани,
изсуша ли лудите реки,
от които пият на завръщане конете ми-мечтания,
ако скъсам струна от дъждовните си арфи,
накарам ли ветрищата във мен да млъкнат
и бреговете ми да онемеят,
ще ме засипе бездиханна зима.
В бялата си смърт ще чувам как

капчуците

люлеят

пролетни

камбани.

И ще се питам:
аз ли съм, или съм сън,
сънуван
в някакво
несбъднато
отвъдно?

Weisser Tod

Jage ich fort von mir
die Bienen, Grillen, Spechte und Sterne,
die liegen im Duft meiner Hände,
lasse ich austrocknen die reißenden Flüsse,
aus denen bei der Heimkehr trinken
die Pferde meiner Träumereien,
wenn ich das Rauschen meiner Regenharfen unterbreche,
die Winde in mir zum Schweigen bringe
und meine Ufer zum Verstummen,
dann wird der reglose Winter mich überschneien.
In meinem weißen Tod werde ich hören, wie

die Dachrinnen

anschaukeln

des Frühlings

Glocken.

Und ich werde mich fragen:
Bin ich es, oder nur ein Traum,
getraümt
    in einem
        noch ungewordenen
                Jenseits?

Рай и Ад

Очите ти отварят небеса
и ангели над мен се скупчват.
Отивай си, момче:
пред моята врата
сам дяволът е легнал –
вярно куче . . .

Himmel und Hölle

Deine Augen öffnen Himmel
und lauter Engel drängen sich über mir.
Geh besser, mein Junge:
Vor meiner Tür
liegt der Teufel persönlich –
ein treuer Hund . . .

Събирай ме

Събирай ме в шепи, когато от обич
преливам, сякаш море закипяло.

Събирай ме с устни, когато изтичам
в смеха на момиче, просторите яхнал.

Събирай ме капка по капка в росата
на съмване сред поля просълзени.

Събирай ме в звездното було над мрака,
изгряло в душите ни с тайни вселени.

Събирай ме нежно, щастливо улисан,
наяве забравил за краткото време.

Но цяла поискаш ли ме – тогава иди си,
и . . . после си спомняй в безкрая за мене.

Sammle mich

Sammle mich in den Handflächen, wenn ich vor Liebe
überborde wie ein brodelndes Meer.

Sammle mich mit deinen Lippen, wenn ich auslaufe
im Lachen eines Mädchens, das die Weiten reitet.

Sammle mich Tropfen für Tropfen im Tau
der Morgendämmerung inmitten von Feldern.

Sammle mich im Sternenschleier über dem Dunkel,
das mit geheimen Galaxien in uns aufgeht.

Sammle mich zärtlich, glücklich versunken,
die knappe Zeit gänzlich vergessend.

Doch willst du mich ganz haben, dann geh
und . . . erinnere dich im Unendlichen an mich.

Облак

Ще те събирам в спомен –
миг по миг,
подобно облак своите дъждовни капки.
Натежиш ли ми –
ще изкрещя и ще изсипя
върху жадни корени страстта си.

Wolke

Augenblick für Augenblick will ich dich
in einer Erinnerung sammeln,
so wie die Wolke ihre Regentropfen.
Wenn du mir zu schwer wirst,
werde ich aufschreien und meine Leidenschaft
ergießen über durstige Wurzeln.

Надежда

В пепелта на прозрачните делници ровиш
и търсиш жарта с нестинарския вик на кръвта си.
Сънуваш главнята, подхвърлена в първото утро от Бога
и носиш пожара – надвиснал над веждата обръч от гняв.

Защо ли прокуди надеждата боса, та тропа и вие
в безкръвната нощ –
безплътна и чорлава –
сякаш е призрак?

Когато надвисва свирепият клюн над врабчето,
потърсило обич в тълпа лешояди,
защо не излъжеш душата си
с две шепи дъжд от смеха си?

Hoffnung

In der Asche des durchsichtigen Alltags wühlst du,
suchst nach Glut mit dem Schrei der Feuertänzerin.
Du träumst vom Glühholz, das Gott dir am ersten Tag zuwarf
und der Brand hängt dir als Bogen aus Wut von der Braue.

Warum hast du die barfüßige Hoffnung vertrieben?
Nun poltert und schreit sie in der blutleeren Nacht,
körperlos, zerzaust,
als sei sie ein Gespenst.

Wenn der Schnabel gefährlich über dem Spatz hängt,
der nach Liebe suchte in einer Schar Aasgeier,
warum belügst du deine Seele dann nicht
mit zwei Handvoll Regen von deinem Lachen?

Тя

Виждали ли сте я как
минава покрай вас
с телце на горска теменуга?

Чували ли сте гласа й,
запял след дъжд с потока?

Заспивали ли сте от аромата й,
когато е цъфтяла тайно нощем
в душите ви, на завет от чуждите погледи?

Ето я, идва . . .
Отключва небето с устни,
а после ще се моли на бурята
да пощади крехкото й коренче…

Sie

Habt ihr schon mal gesehen,
wie sie an euch vorbei geht
mit der Anmut eines wilden Veilchens?

Habt ihr ihre Stimme gehört,
die nach dem Wolkenbruch mit dem Bach singt?

Hat ihr Duft euch schläfrig gemacht,
als sie heimlich nachts in euch blühte,
geschützt vor fremden Blicken?

Da, da kommt sie . . .
Öffnet erst den Himmel mit Lippen,
und dann betet sie zum Sturm,
er möge doch ihre zarte Wurzel verschonen.

Луната е . . .

. . . око на кос, с което проглежда нощта,
когато се събуждам.

. . . паничка за сълзите ми,
прелели от душата, никому ненужни.

. . . зачатък на следващото слънце, което ще измисли сърцето,
за да не бъде само във вселената.

. . . сребърен грош, подхвърлен ми над хълма,
за да си купя с него някой ден билет за отвъдното.

Der Mond ist …

… ein Amselauge, durch das die Nacht
zu sehen beginnt, wenn ich erwache.

… ein Schälchen für meine
überlaufenden Tränen, die niemand braucht.

… Keim der nächsten Sonne, die das Herz erfinden wird,
um nicht allein zu sein im Universum.

… ein silberner Groschen, mir über den Hügel zugeworfen,
damit ich mir eines Tages eine Karte fürs Jenseits kaufen kann.

Нарцис

Незабелязано край теб ще мина
като полъх покрай устните на нарцис.
Ще се огледаш в мен, но няма да ме видиш,
а аз ще ти се възхитя и ще си ида.
Напразно ще чакаш поклон да ти стори
небето, сякаш звезда е открило,
красива глава ще извиваш нагоре
и ще проклинаш горчиво земния корен.
С надменност душата ранима ще браниш,
щом ме усетиш отново наблизо –
аз, обичливата, ще застрашавам
твоята крехка фасадна чупливост.
Ще ме прогониш с фалш и невярност,
някъде много, много далече,
а после с мисъл за мен ще увехнеш,
най-самотният сред Боговете . . .

Narziss(e)

Unbemerkt werde ich an dir vorbeiziehen
wie ein Hauch um die blühenden Lippen von Narziss(en).
Du wirst dich in mir betrachten, mich aber nicht sehen.
Ich jedoch werde dich bewundern und dann gehen.
Vergeblich wartest du auf die Verbeugung
des Himmels, als habe er einen Stern entdeckt.
Deinen schönen Kopf reckst du hoch
und bitter verfluchst du die irdischen Wurzeln.
Die verletzliche Seele schützt du durch Hochmut,
sobald du mich wieder in deiner Nähe spürst –
denn ich, die Liebevolle, gefährde
die zarte Fassade deiner brüchigen Hülle.
Du wirst mich vertreiben durch Falschheit und Spiel –
irgendwohin, nur ganz weit weg,
und mit dem Gedanken an mich wirst du dahinwelken –
der einsamste unter den Göttern auf Erden . . .

Жената, която не чака

Аз съм оная грешница дива,
която в съня ти крещи и събужда
спомен по пълното с жерави лято,
в което за пръв път дланта ми целуна.

Аз съм оная мелница бяла,
която с реката в несвяст се раздумва
и с песен на нимфа върти колелата,
закътали в речния грохот вика ти.

Аз съм и вещица в сивата сянка
на твоето минало – дънер двурог,
нозете ми парят и сякаш все бягам,
откакто изчезнах от твоя живот.

Аз съм жената, която не чака
и мина край теб като буря в нощта.
Била ли съм някога твоя – не зная.
Край бялата мелница тичат деца . . .

Die Frau, die nicht wartet

Ich bin die wilde Sünderin,
die in deinem Schlaf schreit und weckt
Erinnerungen an den Sommer voller Kraniche,
als du zum ersten Mal meine Hand küsstest.

Ich bin jene weiße Mühle,
die hingegossen mit dem Fluss schwatzt
und mit dem Lied einer Nymphe die Räder dreht,
die im Flussgetöse deinen Schrei verbergen.

Ich bin auch die Hexe im grauen Schatten
deiner Vergangenheit – ein zweihörniger Stumpf.
Meine Füße brennen, als würde ich rennen,
seit ich aus deinem Leben verschwand.

Ich bin die Frau, die nicht wartet
und an dir vorbei raste wie ein Sturm in der Nacht.
War ich je deine? Ich weiß es nicht.
Um die weiße Mühle laufen Kinder herum . . .

Портрет

Нетърпелива като извор,
тревожна като трепетлика,
непредсказуема като море,
с душа като подпален изгрев
и обичаща като дете.
Под веждите – две черни миди,
почти момичешко лице.
Усмихнеш ли се –
ще разсипе
седеф по тъмното небе.

Portrait

Ungeduldig wie eine Quelle,
unruhig wie eine Zitterpappel,
unberechenbar wie das Meer.
Ihr Herz – ein flammender Sonnenaufgang –
ist voller Liebe wie das eines Kindes.
Unter den Augenbrauen – zwei schwarze Muscheln,
fast mädchenhaft ihr Gesicht.
Lächelst du ihr zu,
gießt es Perlmutt
über den dunklen Himmel.

Ако искаш

Ако искаш да те запази душата ми,
изплети й венец от маргарити.
Ако искаш да доближиш сърцето ми,
дай на просяците хляб.
Ако пожелаеш тялото ми,
не забравяй –
последната му риза няма джоб,
в който да те скрия,
когато си отивам . . .

Wenn du willst

Wenn du willst, dass meine Seele dich bewahrt,
so flicht ihr einen Kranz aus Margeriten.
Wenn du meinem Herzen nahe kommen willst,
so gib den Bettlern Brot.
Wenn du meinen Körper begehrst,
vergiss nicht –
sein letztes Hemd hat keine Taschen,
in die ich dich stecken könnte,
wenn ich gehe . . .

Циганско Лято

Откраднато лято със цигански ритми отвлече
душата ми – скитница гола в нощта,
а изгревът с огнен воал я облече –
където се мерне, да пали кръвта.

Във делници смутни фламенко да тропа,
кючек да играе с дайре във ръка,
презряна, по хорските порти да хлопа,
да бие давул насред суха река . . .

Циганско лято душата ми сгрява
със вино, цигулки, извит кларинет,
кръвта ми е луда – не остарява,
на циганска сцена с живота в дует . . .

ZIGEUNERSOMMER *

Mit Zigeunerrhythmen entführte ein gestohlener Sommer
meine Seele – eine nackte Wanderin in der Nacht.
Der Sonnenaufgang bedeckte sie mit feurigem Schleier,
das Blut zu entzünden, wo immer er erschien.

Im dumpfen Alltag Flamenco zu stampfen,
mit erhobenem Tamburin Bauchtanz zu vollführen,
verachtet an die Pforten der Menschen zu klopfen,
die Pauke zu schlagen im trockenen Flussbett . . .

Zigeunersommer – wärmt meine Seele
mit Wein, Violinen und Klarinettenläufen,
mein Blut ist verrückt, es will nicht altern,
tanzt wie ein Zigeuner mit dem Leben . . .

** Unter Zigeunersommer versteht man in Bulgarien den Altweibersommer*

Игра

Той каза: „Стой!“
Тя каза: „Хвани ме, ако можеш!“
Той извика: „Ще взривя всички мостове по пътя ти!“
А тя: „Кой е успял да изтръгне лъчите на слънцето?“
Той изкрещя: „Ще запратя стрели от най-безсрамните си сънища подире ти!“
Тя се усмихна: „Нима може праведният да сплаши с безсрамие грешница?“
Той се задъха: „Не бягай . . . само косата ти може да стопли вледенения дъх на мечтите ми!“
Тя се изсмя: „А не умират ли мечтите, щом ги докоснем на живо?“
Той промълви: „Ще те отровя с безразличие!“
А тя извика: „Тогава ще ме възкресиш до себе си, пречистена!“

Spiel

Er sagte: “Halt!”
Sie sagte: “Fang mich, wenn du kannst!”
Er rief: „Ich werde alle Brücken auf deinem Weg sprengen!“
Und sie: „Wer hat es geschafft, der Sonne ihre Strahlen auszureißen?“
Er schrie: „Ich sende dir Pfeile hinterher aus meinen schamlosesten Träumen!“
Sie lächelte: „Kann denn der Gerechte mit Schamlosigkeit die Sünderin erschrecken?“
Er geriet außer Atem: „Lauf nicht davon … nur dein Haar kann den eisigen Hauch meiner Träume wärmen!“
Sie lachte ihn aus: „Sterben die Träume denn nicht, sobald wir sie bei lebendigem Leib berühren?“
Er flüsterte: „Ich werde dich mit Gleichgültigkeit vergiften!“
Und sie schrie: „Dann wirst du mich neben dir auferstehen lassen, aber geläutert!“

Лъхна ми на теб

Лъхна ми на теб
от песента,
край която минах
като покрай щанд
за спомени втора употреба . . .

Лъхна ми на теб
от нафталина на зимата,
засипал в душата
молците на времето . . .

Лъхна ми на теб,
когато кърпех
в сънища износената си любов
и се питах:
Трябва ли да крия
голотата си?

Ein Hauch von dir

Ein Hauch von dir schlug mir entgegen
aus dem Lied,
an dem ich vorbei ging
wie an einem Stand
für Second-hand-Souvenirs . . .

Ein Hauch von dir schlug mir entgegen
aus dem Naphthalin des Winters,
das mir die toten Motten der Zeit
in die Seele streute . . .

Ein Hauch von dir schlug mir entgegen,
als ich im Traum
meine zerschlissene Liebe stopfte
und mich fragte:
Muss ich sie verbergen,
meine Nacktheit?

Огледало на никого

Не искам да бъда огледало на никого,
макар че все на някого държа огледалото.

Не искам да бъда пазач на илюзии,
макар че все успявам да опазя своите –
поне докато ме стреснат в коридора
и си кажат истинското име.

Не искам да бъда лютивият дим,
след снопа погрешка подпалена слама,
макар че ходилата ми са обгорели
и съм заприличала на нестинарка.

Не искам да бъда домашен любимец –
котка ленива, канарче в кафез
или риба в пейзажа на аквариум,
макар че, ако не се позная някой ден,
сигурно ще ми е виновно огледалото.

Niemandes Spiegel

Ich möchte niemandes Spiegel sein,
obwohl ich ständig jemandem den Spiegel vorhalte.

Ich möchte kein Wächter von Illusionen sein,
obwohl ich stets die eigenen wahre, –
wenigstens bis sie mich im Korridor erschrecken
und ihren wahren Namen verraten.

Ich möchte nicht der beißende Rauch
über dem fälschlich angezündeten Strohbündel sein,
obwohl meine Fußsohlen angeschmort sind
und ich schon einer Feuertänzerin ähnele.

Ich will auch kein Haustierchen sein –
keine faule Katze, kein Kanarienvogel im Käfig
und kein Fisch in der Aquariumslandschaft.
Doch wenn ich mich einmal nicht erkennen sollte,
dann ist ganz sicher der Spiegel daran schuld.

Есен

Във мрака кървящата есен пропъшка
и в парещи рани червеният явор се свива.
Молитва отправя, безпомощно пръсти закършил,
самотният кестен под облаци диви.

Умиращи мигове куцат навън, в листопада,
подобно клошари се сбират накуп – да не зъзнат.
Човекът, дъждовното лято изстрадал,
е есенен лист, от живота небрежно откъснат.

Herbst

In der Finsternis stöhnt der blutende Herbst;
in brennenden Wunden krümmt sich der rote Ahorn.
Ohnmächtig die Hände ringend, spricht der einsame
Kastanienbaum unter wilden Wolken ein Gebet.

Sterbende Augenblicke humpeln durch den Blätterfall,
drängen sich wie Clochards zusammen, um nicht zu frieren.
Der Mensch, der einen verregneten Sommer durchlitt,
ist auch so ein Herbstblatt, beiläufig vom Baum gefegt.

Майка ми

Майка ми –
среднощна цигулка,
която приспива луната.

Майка ми –
свирепа коса посред лято,
когато се разлистват детелини;

Майка ми –
твърдата ръка на живота,
превела ме през скърцащи бродове.

Майка ми –
плачеща върба над реката:
очите й изтичат
подир вятъра,
нарамил вързопа със спомени.

Майка ми –
цвят на бегония,
свела глава в самотната есен,
когато лястовиците отлитат.

Майка ми . . .
Коя е тази жена?

Meine Mutter

Meine Mutter –
eine mitternächtliche Geige,
die den Mond zum Schlafen bringt.

Meine Mutter –
eine wütende Sense im Sommer,
wenn der Klee seine Blätter entfaltet.

Meine Mutter –
die harte Hand des Lebens,
die mich über knarrende Stege führt.

Meine Mutter –
eine Trauerweide über dem Fluss:
ihre Augen laufen aus,
dem Wind hinterher
mit dem geschulterten Bündel Erinnerungen.

Meine Mutter –
eine Begonienblüte,
die ihren Kopf hängen lässt im Herbst,
wenn die Schwalben fortfliegen.

Meine Mutter . . .
Wer ist diese Frau?

Измислен свят

В него ще те скрия,
за да ми отвориш,
когато онзи вън
ме разрани до кръв
като омаляла обувка
ходилото на момиче, което
никак не желае да пораства . . .
Ще ти посадя липа,
жасмин и люляк,
ще ти родя слънце,
ще ти изплача извор
на мръкване,
когато денят хлопва
железните си порти зад гърба ми,
когато дъждът впива
метални шипове в лицето ми,
когато ме задушават
рояци със самодоволния си дъх
на благоденствие и преуспялост,
когато се питам
дали съм още аз
и дали ще ме чакаш
в моя измислен свят,
в който непременно
ще те скрия някой ден,
за да ми напомняш,
че ме има.

Ausgedachte Welt

In ihr werde ich dich verstecken,
damit du mir öffnen kannst,
wenn die da draußen
mir blutige Wunden schlägt
wie das zu klein gewordene Schuhwerk
die Füße eines Mädchens, das
partout nicht groß werden will . . .
Eine Linde will ich dir pflanzen,
Jasmin und Flieder,
dir eine Sonne gebären,
eine Quelle dir weinen
in der Abenddämmerung,
wenn der Tag seine eisernen Tore
hinter meinem Rücken zuschlägt,
der Regen seine Metallzapfen
in mein Gesicht bohrt,
wenn mich ganze Scharen ersticken
mit ihrer selbstzufriedenen Ausdünstung
nach Wohlstand und Erfolg,
wenn ich mich frage,
ob ich noch ich bin
und du noch auf mich wartest
in meiner ausgedachten Welt
in der ich dich unbedingt
eines Tages verstecken will,
damit du mir in Erinnerung rufst,
dass es mich noch gibt.

Постмодерен град

В него не трептят липи,
наместо дъжд прозвънват джиесеми,
отдавна е прогонен Бог от този рай
на банкомати и на манекени.

Подобно стар, осиротял баща
по улиците времето залита.
Край него като с призрачни длета
часовници дълбаят из гърдите.

Изкъртват всяко чувство в такт
със звуците на крякащи ай-поди.
Да си човечен тук е смъртен грях;
а да обичаш значи, че си болен.

И в този постмодерен град
сякаш вика, за да ни събужда
несретникът, понесъл жълт плакат,
на който пише: „Всички тук сме луди!"

Postmoderne Stadt

In ihr rascheln keine Linden
und statt Regengeprassel ertönen Handys.
Gott ist längst vertrieben aus diesem Paradies
der Bargeldautomaten und der Fotomodelle.

Einem alten, verwaisten Vater gleich,
wankt die Zeit durch die Straßen.
Uhren hämmern mit gespenstischen Meißeln
sie den Menschen in die Brust.

Alle Gefühle werden rhythmisch herausgeschlagen
mit dem Geräusch krächzender iPods.
Menschlich sein ist hier eine Todsünde
und wer liebt, der muss wohl krank sein.

In dieser postmodernen Stadt
kommt wie ein Aufschrei, als wolle er uns aufwecken,
so ein Verlierertyp mit einem gelben Plakat an,
auf dem zu lesen ist „Wir alle hier sind Spinner."

Подари ми небе

на Алекс

Искам да ми подариш небе,
в което птиците не са отчаяни отшелници,
а облакът – единствен параван,
зад който, уморени, душите разсъбличат
тежките си ризници.

Искам да ми подариш небе,
което почва там, където
свършва моят поглед.
За да повярвам,
че безкраят не е мит,
създаден за влюбени –
за да те обичам,
без да ме е страх да те загубя.

Ако няма такова небе,
тогава подари ми себе си.
И ще се слеем
двамата в такава вселена,
в каквато дори на Бог ще му се иска
да бъде у дома си.

Schenk mir einen Himmel

für Alexander

Ich möchte, dass du mir einen Himmel schenkst,
in dem die Vögel keine verzweifelten Einsiedler sind,
und eine Wolke die einzige Trennwand,
hinter der, ermüdet, die Seelen abstreifen
ihre schweren Rüstungen.

Ich möchte, dass du mir einen Himmel schenkst,
der dort beginnt, wo
mein Blick endet.
Damit ich glauben kann,
dass das Unendliche kein Mythos ist,
für Verliebte erfunden –
damit ich dich lieben kann
ohne Angst, dich zu verlieren.

Gibt es keinen solchen Himmel,
dann schenke mir dich.
Und wir werden uns vereinigen
zu einem solchen Universum,
dass selbst Gott sich wünschte,
dort zuhause zu sein.

Nichtgewöhnung

Писмо

Да ти напиша, искам, хубаво писмо,
как вън цъфтят японските ми вишни,
как вятърът със пролетно крило
в листата стопля цветове и птици.

Как стъпките край мен валят
в дъждовния ми понеделник,
а аз съм капчица, пробудила мечта,
в кръвта на дните ти-отшелници.

Да ти напиша, искам, хубаво писмо,
а колко ми е трудно да започна . . .
Ръката ми като изсъхнал сноп
душата пази от подхлъзване.

Brief

Einen schönen Brief will ich dir schreiben:
Wie draußen meine japanischen Kirschen blühen,
und die Frühlingsflügel der Winde treiben
Wärme durch Blüten, Blätter und Vogelgefieder.

Wie's um mich her Schritte regnet
an diesem wolkenschweren Montag,
ich selbst ein Tropfen, der Träume
in deinen Einsiedlertagen weckt.

Einen schönen Brief will ich dir schreiben,
doch wie schwer fällt mir's, ihn anzufangen . . .
Meine Hand gleicht einem dürren Stock,
der meine Seele schützt, nicht auszurutschen.

Делириум

Сънуваш отсъствия
в тихата зима,
следи преоткриваш
в преспите сняг,
тесен светът,
хоризонти посичат
мечтата ти литнала
като с бръснач.
Когато се срутват банки и борси,
животи на заем
без мисъл и глас,
картонени къщи,
човеци без покрив,
когато си част
от някакъв хаос,
в който се сриват
небесни тавани
и висва душата
без пристан и брод,
сънувай,
не спирай следи да улавяш,
удавник за сламка
със име Живот!

Delirium

Träumst Abwesenheiten
in der Winterstille,
Spuren entdeckst du
in den Schneewehen,
eng ist die Welt,
Horizonte durchschneiden
wie Rasiermesser
deinen taumelnden Traum.
Wenn Banken und Börsen zusammenbrechen,
Leben auf Pump
gedanken- und stimmlos,
Kartenhäuser,
Menschen ohne Obdach,
wenn du Teil bist
irgendeiner Wirrnis,
in der einstürzen
Himmelsdächer
und die Seele hängt
ohne Hafen und Furt,
dann träume,
höre nicht auf mit der Spurensuche,
du stets nur am letzten Strohhalm dich Errettender
namens Leben!

Понякога

Понякога, скована в самота,
душата натежава като камък,
понякога е чужда мисълта
за обич сред посърнали поляни.

Понякога се питаш във нощта,
дали звездите са прогонена в изгнание
късове човешка топлина
от този свят на бляскави създания.

Manchmal

Manchmal, erstarrt in Einsamkeit,
ist schwer wie ein Fels die Seele,
manchmal ist der Gedanke fremd
an Liebe auf verwelkten Wiesen.

Manchmal fragst du dich in der Nacht,
ob die Sterne Stückchen menschlicher Wärme
sind, verbannt, vertrieben
aus dieser Welt glänzender Geschöpfe.

Какво ли още да ти дам?

Ще ти подаря
всичките си любовни луни,
надиплените безпокойства на душата си.

Ще ти подаря
безбрежните си тишини,
и вълните в океаните си от желания.

Ще ти подаря
своя копнеж по безкрая,
искрата, превърнала в изгрев
окото на птица . . .

Какво ли още да ти дам,
за да те боля, ако
ме превърнеш в спомен?

Was muss ich dir noch geben?

Schenken will ich dir
all meine Liebesmonde,
mein vor Unruhe zerknittertes Herz.

Schenken werde ich dir
meine Stille-Unendlichkeiten
und die Brandungen im Ozean meiner Wünsche.

Schenken will ich dir
meine Sehnsucht nach dem Unendlichen,
den Funken, der das Auge des Vogels
in einen Sonnenaufgang verwandelte . . .

Was noch muss ich dir geben,
damit es dir weh tut, falls
du mich zur Erinnerung machst?

Нозе

Нозе ми даде Бог,
с които да те търся,
да поспра до теб
и после да избягам,
преди да ги превърне в кореница
любовта ми . . .

Füsse

Füße gab mir Gott,
um dich zu suchen,
erst bei dir anzuhalten
und dann zu fliehen,
bevor sie Wurzeln schlagen ließ
meine Liebe . . .

Въпрос

Леден ден
сред леден свят
и вледенено слънце.
Блясък.
Диаманти.
Кокаин.
Силиконови гърди.
Усмивки от платина.
Пиърсинг и в сърцето даже –
за да замълчи . . .
Господи, и всичко това
със същата ръка ли сътвори,
с която мен си ме създал
като око, което съхне и боли
и ослепява
с всеки леден ден
сред блясък?

Frage

Eisiger Tag
in einer eisigen Welt
unter vereister Sonne.
Geglitzer.
Diamanten.
Kokain.
Silikonbrüste.
Lächeln aus Platin.
Piercings, sogar am Herzen,
damit das Ding schweigt . . .
Herrgott, und all das hast du
mit derselben Hand erschaffen,
mit der du mich ins Leben riefst
wie ein Auge, das austrocknet, schmerzt
und erblindet
an jedem eisigen Tag,
mitten im Geglitzer?

Иди си!

Не мога да те подредя във мисъл,
с любов не мога да те озаптя.
Сърцето ми е тясно да те скрие –
нали си вятър, дим и суета,
и хаоса на огъня ми, кладен
в забравата на забранена страст.
въглени из нощите си газя,
устни хапя в утринния здрач.
Без дъх останах и без колене да тичам
след сянката ти – скъсана юзда,
след жеравите да крещя: Иди си!,
а нощем да те галя във съня . . .

Geh!

In Gedanken kann ich dich nicht einordnen,
mit Liebe kann ich dich nicht bändigen.
Mein Herz ist zu eng, dich zu verstecken –
bist du doch Rauch und Wind, Umhergeflatter,
mein unberechenbares Feuer, entflammt
im Vergessen verbotener Leidenschaft.
In meinen Nächten geh ich über glühenden Kohlen,
im Morgenrot beiße ich die Lippen zusammen.
Außer Atem und mit weichen Knien lauf ich
deinem Schatten nach, den gerissenen Zügeln.
Ich schreie den Kranichen hinterher: Geh!,
und doch streichle ich dich nachts im Traum . . .

Храм

Изпращам залезите като гости,
набързо тръгнали от моята трапеза.
По стълбите в душата ми остават нощите,
а аз съм ничия сред цялата Вселена.
Олтар е сякаш тишината,
когато болката пали свещица,
разбрала,че всяка раздяла е храм,
от който човекът излиза пречистен.

TEMPEL

Ich verabschiede die Sonnenuntergänge wie Gäste,
die meine Tafel eilig verlassen haben.
Auf der Treppe, bleiben meiner Seele die Nächte,
und ich gehöre niemandem im ganzen Universum.
Die Stille gleicht einem Altar,
wenn der Schmerz sein Kerzlein entzündet,
begreifend: Jeder Abschied ist ein Tempel,
den der Mensch geläutert verlässt.

Човекът с папагала

На рамо с един папагал той се скита
из улици пусти, скования в мъгли.
На някого сякаш усмихва се скрито,
макар в душата му дъжд да вали.

Дали му разказва виц папагалът,
или на ухото му песен реди?
Светът му изглежда толкова малък,
но сякаш побрал е всички беди.

Човечецът, в своята птица заслушан,
не вижда, не чува, не гъква дори,
когато до него, учтив и бездушен,
животът с поглед на сфинкс го кори.

Да имам един папагал ми се иска,
на рамо да нося зелена мечта,
когато студеният ден ме притиска,
с виц или с песен да срещам света.

Der Mann mit dem Papagei

Mit einem Papagei auf der Schulter irrt er umher
durch öde, im Nebel erstarrte Straßen.
Es scheint, als lächle er versteckt jemandem zu,
selbst wenn es regnet in seiner Seele.

Vielleicht erzählt der Papagei ihm Witze
oder er singt ihm ein Lied ins Ohr?
Seine Welt sieht so klein aus, und doch
beherbergt sie, scheint es, alle Nöte.

Der Mann, wie er seinem Vogel so lauscht,
sieht nichts, hört nichts, und sagt keinen Ton,
wenn das Leben um ihn, seelenlos-höflich
ihn tadelnd anschaut wie eine Sphinx.

Ich wünschte mir so einen Papagei,
einen grünen Traum auf meiner Schulter,
um, wenn der kalte Tag mich umklammert,
mit Witzen und Liedern der Welt zu begegnen.

Нощем

Нощем часовникът цъка с език,
когато в душата ми никне коприва.
Самотата, подобно на агне невинно,
край камината своето руно е свила.

Разкривена от артрит, тишината
като старица немощно тяло полюшва,
припукват главните и вият се пламъци –
търсещи пръсти в заспалата къща.

Нощем тъгувам за всеки сезон,
който на тръгване с мен се сбогува,
и сякаш изгубила своя подслон,
се сливам с времето, хлад ме обгръща.

Когато часовникът цъка с език,
може би Бог като мен се замисля;
човекът е миг самота пред камината
и към звездния сън, нестоплен, полита . . .

Nachts

Nachts schnalzt die Uhr mit der Zunge,
wenn in meiner Seele Brennnesseln wachsen.
Vor dem Kamin rollt die Einsamkeit,
das unschuldige Lamm, ihr Vlies zusammen.

Gekrümmt von Arthritis, schaukelt die Stille
ihren schmächtigen Körper wie eine Alte.
Die Holzscheite knacken, es schlängeln sich Flammen
wie suchende Finger im schlafenden Haus.

Nachts trauere ich jeder Jahreszeit nach,
die sich von mir zum Gehen wendet.
Und als hätte ich mein Obdach verloren,
werde ich eins mit der Zeit. Kühle umfängt mich.

Wenn nachts die Uhr mit der Zunge schnalzt,
kommt Gott vielleicht so wie ich ins Grübeln.
Der Mensch ist ein Moment der Einsamkeit vor dem Kamin,
die ungewärmt dem Traum der Sterne nachfliegt . . .

Старата круша

Пред очите ми вехне старата круша
и птиците вече не кацат на нея.
Цветове не я стоплят в късната пролет,
листа не покриват снагата й гола.

Затворила в себе си нямата болка,
превива, безсилна, гръбнак под небето.
Нощем сънува човеци с триони,
потръпват в земята немощни корени.

Превръща се в сянка, в тягостен спомен,
който сърцето не спира да гложди.
Вятър проскърцва в сухите клони.
Старата круша умира на двора . . .

Der alte Birnbaum

Vor meinen Augen siecht der alte Birnbaum dahin –
selbst die Vögel lassen sich nicht auf ihm nieder.
Keine Blüten mehr erwärmen ihn im späten Frühling,
keine Blätter bedecken seine nackte Gestalt.

Den stummen Schmerz in sich eingeschlossen,
beugt er machtlos seinen Rücken unter dem Himmel.
Nachts träumt er von Menschen mit Sägen.
In der Erde schaudern die entkräfteten Wurzeln.

Ein Schatten nur noch: beklemmende Erinnerung
nagt unaufhörlich in seinem Herzen.
Der Wind knarrt in trockenen Ästen.
Draußen im Hof – der alte Birnbaum stirbt ...

Някой ден . . .

. . . ще ме повика небето, както майка
детето си, закъсняло от игра –
Някой ден ще трябва набързо да тръгна
като птица от гнездо, под което
кошничарят реже клони –
Като мартенския сняг от върбалака,
в който сменят се сезоните –
Ще поискам тогава във въздух да възкръсна
и така да остана сред живите –
да ме дишат край реката
когато заспиват.

Eines Tages ...

... wird der Himmel mich zu sich rufen, wie eine Mutter
ihr Kind, das beim Spielen die Zeit vergaß –
Eines Tages werde ich eilig aufbrechen müssen
wie der Vogel aus seinem Nest, unter dem
der Korbflechter Zweige abschneidet –
wie der Schnee im März unter dem Weidengebüsch,
wenn sich die Jahreszeiten ablösen.
Dann will ich in Luft auferstehen,
um so unter den Lebenden zu bleiben –
damit sie mich am Fluss einatmen können,
wenn sie einschlafen.

Не ме убивай

Не ме заливай със реки
от пълноводни думи,
не ми наричай
нови лунни съзвездия,
не кръщавай на мен
неродените си музи,
не ме спасявай
от поредното ми бедствие.
Не ме гледай с поглед, приковаващ
крилете ми
към рамената ти възбуждащи.
не ме убивай
щом свободна плавам
пред очите ти,
Любов погубваща.

Töte mich nicht

Überschwemme mich nicht
mit deinen Wortfluten.
Dichte mir nicht
neue Sternbilder an.
Benenne nach mir nicht
deine ungeborenen Musen.
Rette mich nicht
vor meiner nächsten Katastrophe.
Wirf mir nicht diesen Blick zu,
der meine Flügel
an deine Schultern heftet.
Töte mich nicht,
wenn ich frei dahersegle
vor deinen Augen,
vernichtende Liebe.

Признание

Минах невредима
през пожара на твоите думи.
Оцелях сред ледовете от мълчание.
Изправена вървях, докато чух, че казваш:
„Съжалявам!“
Тогава се продъни небето
и в пороя му безмълвно се удавих . . .

Geständnis

Unversehrt ging ich
durch die Feuersbrunst deiner Worte.
Ich überlebte auch im eisigen Schweigen.
Ich ging aufrecht – bis ich dich sagen hörte:
„Es tut mir leid!“
Da brach der Himmel
und ich ertrank in seinen Wassermassen –
sprachlos . . .

Среднощен етюд

Разголена луна зад облаци-пердета,
прегракнал глас на саксофон –
среднощен град
във сънища отвлечен,
мъгла, безвремие, неон . . .
Приглушен екстаз,
любовни силуети,
потръпващ пламък
в шепите на свещ . . .

Как искам да си тук,
сред моите небета,
любим етюд от болка и копнеж . . .

Nocturno

Ein entblößter Mond hinter Wolkenvorhängen,
die heisere Stimme eines Saxophons –
eine Mitternachtsstadt,
entführt von Träumen,
Nebel, Zeitlosigkeit, Neon . . .
Gedämpfte Ekstase,
Liebessilhouetten,
eine flackernde Kerze
in schützenden Händen . . .

Wie wünschte ich, du wärest hier
inmitten meiner Himmel,
du mein Nocturno aus Sehnsucht und Schmerz . . .

Сине

на Ивайло

Пораснал си, сине!
А аз не усетих кога
и твоето детство деня ми подмина,
възседнало пъстра дъга.

Пораснал си, сине!
В очите ти вече изгрял е мъжът,
със който луната в среднощна градина
танцува – и сякаш звездите жужат.

Пораснал си, сине!
Сълзите си криеш и устни прехапваш, когато боли;
но сам оцеляваш сред светската тиня,
когато сърцето ти плаче, вали . . .

А аз се снишавам със всяка година,
в косите ми сипе се звездният прах
и все се усмихвам: пораснал си, сине!
Порасна . . . Кога? Аз май не разбрах.

Mein Sohn

für Ivaylo

Gross bist du geworden, mein Sohn!
Ich habe gar nicht gemerkt, wann
deine Kindheit an mir vorbei ritt
auf einem Regenbogen.

Gross bist du geworden, mein Sohn!
In deinen Augen ist schon der Mann aufgegangen,
der Mond tanzt mitternachts mit ihm durch den Park
und die Sterne scheinen zu summen.

Gross bist du geworden, mein Sohn!
Zeigst keine Tränen, beißt im Schmerz die Zähne zusammen.
Schlägst dich allein durch im Schmutz der Welt.
Wenn dein Herz weint, regnet es . . .

Mich aber beugt jedes Jahr mehr.
Auf mein Haar fällt silberner Sternenstaub
und ich lächle: Gross bist du geworden, mein Sohn!
Gross bist du geworden . . . Wann? Das begreife ich nicht.

Раздяла

На никого не казах, че тръгвам.
Дори и котката не ме усети,
когато стария куфар повлякох
през локвите и снеговете.
Вкъщи всички спяха.
Една икона от стената тихо рече:
„Дано да си щастлива!“

Trennung

Ich sagte niemandem, dass ich gehe.
Selbst die Katze bemerkte mich nicht,
als ich den alten Koffer hinter mir
durch Pfützen und Schneehaufen herzog.
Zuhause schliefen alle.
Eine Ikone an der Wand sagte leise:
„Hoffentllich wirst du glücklich!“

Свегулка

Не мога да спра нощта,
закуцукала след ябълковата луна,
когато я прогонват петлите.

И времето не мога да спра,
устремило носа си след вятъра
и сякаш забравило колко сме временни.

Тогава какво ми остава,
освен да надяна ямурлуче на светулка,
за да ми е винаги светло, когато куцукам в нощта?

Glühwürmchen

Ich kann die Nacht nicht aufhalten,
die hinter dem Apfelmond her hinkt,
wenn die Hähne sie verjagen.

Auch die Zeit kann ich nicht aufhalten,
mit der Nase immer dem Wind nach,
und die wohl vergessen hat, wie zeitlich wir sind.

Was bleibt mir da übrig,
als den Mantel eines Glühwürmchens überzustreifen,
damit mir immer hell ist, wenn ich durch die Nacht hinke?

Нека да не питаме ...

Нека да не питаме защо
непитани сме се родили
и пак така – непитани –
ще трябва да си идем.

Нека да не питаме защо
летата ни са преброени,
и ако имаме късмет,
може да ги изживеем всичките.

Нека да не питаме защо
като еднодневките отлитаме
и дали поне в смъртта си можем
да сме вечни,
когато вън сезоните се сменят
с нахално постоянство. Винаги.

Нека да не питаме защо ...
Късното лято полека приспива
уморени щурци;
май е време
да нацепим дървата за зимата ...

Fragen wir nicht ...

Fragen wir nicht, warum
wir ungefragt geboren wurden
und – wieder ungefragt –
auch werden gehen müssen.

Fragen wir nicht, warum
unsere Jahre gezählt sind
und wir sie im Glücksfall
auch wirklich durchleben können.

Fragen wir nicht, warum wir
wie Eintagsfliegen davonfliegen,
und ob wir wenigstens im Tod
ewig sein können,
wenn draußen die Jahreszeiten wechseln
mit frecher Beharrlichkeit. Immer.

Fragen wir nicht, warum ...
Der Spätsommer wiegt sachte in Schlaf
die müde gewordenen Grillen;
es wird langsam Zeit,
Holz für den Winter zu spalten ...

Сърце

Когато сърцето излезе от ритъм
и почне да скача в предсмъртен галоп,
си мисля, че може би иска да литне,
защото било е затворник и роб.

Слуга на дълга, на морал и на нрави,
с подметки го мачка живот бързоног;
реши ли и то веднъж да възстане,
го връщаме в строя със електрошок.

И пак ще нарами пробити дисаги,
ще сложи короната – трънен венец,
изтеглило жребий слуга да остане
и кръста да носи на своя творец!

Herz

Wenn das Herz aus dem Rhythmus kommt
und in tödlichen Galopp zu rasen beginnt,
denke ich mir, es möchte vielleicht davonfliegen,
weil es gefangen, ja, Sklave gewesen ist.

Ein Diener der Pflicht, der Moral und der Sitten,
trampelte das schnellfüßige Leben mit Schuhsohlen darüber;
wagt es aber nur ein Mal, sich aufzulehnen,
bringen wir es mit Elektroschocks wieder zur Raison.

Und wieder schultert es die zerschlissenen Satteltaschen
und setzt sich die Krone, die Dornenkrone auf;
es hat das Los gezogen, Diener zu bleiben
und das Kreuz seines Schöpfers zu tragen.

Време е

Когато думите ти се разбягат,
а мисълта в родилни болки стене;
когато самотата ти стане приятел
и в света ти нахълта по никое време;
когато облаците – изгладнели вълци
безпомощното ти небе разкъсват,
когато тишината се търкулне,
и подобно воденичен камък
изворите на душата ти запуши,
време е да изкрещиш,
време е да се събудиш,
време е наново да се влюбиш . . .

An der Zeit

Wenn deine Worte dich fliehen
und dein Denken unter Geburtsschmerzen stöhnt;
wenn die Einsamkeit dein Freund wird
und deine Welt zu den unmöglichsten Zeiten betritt;
wenn die Wolken wie ausgehungerte Wölfe
deinen wehrlosen Himmel zerreißen;
wenn die Stille ins Rollen kommt
und gleich einem Mühlstein
die Quellen deines Herzens versiegelt,
dann ist es an der Zeit, aufzuschreien,
an der Zeit, aufzuwachen,
an der Zeit, dich wieder zu verlieben . . .

Дъга

Накриво ли стъпих?
Или някой ме спъна?
Не знам!
Паднах.
Ударих душата си до синьо.
После заплаках . . .
Но ми мина,
когато чух синигерът да казва,
че и дъгата някога е била насинена душа . . .

Regenbogen

Bin ich schief aufgetreten?
Oder hat mir jemand ein Bein gestellt?
Ich weiß es nicht!
Ich fiel hin.
Schlug mir die Seele blau.
Nachher weinte ich . . .
Aber es verging mir,
als ich die Meise sagen hörte,
auch der Regenbogen sei früher
eine Seele gewesen voller Blutergüssen . . .

Прощаване

Стискат ме за гърлото
две питащи очи.
Като удавница
потъва в тях луната.
Настава мрак
и вече не боли.
Със стъпки на сърце
заглъхват небесата . . .

Abschiednehmen

Zwei fragende Augen
schnüren mir die Kehle zu.
Der Mond
ertrinkt in ihnen.
Es wird dunkel
und tut schon nicht mehr weh.
Im Schritt des Herzens
verhallen die Himmel . . .

Болка

Басова струна в душата,
изпружена до скъсване;
гюлле, заседнало в корема –
сякаш иска да го пръсне;
въглен в устата,
пришпорил дъха,
за да напомня,
че без болката
не можем да възкръснем.

Schmerz

Eine Bass-Saite in der Seele,
zum Zerreißen gespannt;
eine Kugel, stecken geblieben im Bauch,
als wolle sie ihn zum Platzen bringen;
glühende Kohle im Mund,
die den Atem anspornt,
mich daran zu erinnern,
dass wir ohne Schmerz
nicht auferstehen können.

Той

Неканен силует
в среднощните кошмари,
безплътна страст,
недопустим копнеж,
вятър,
разгорял в душата ти пожари,
а после литнал
подир птичия кортеж . . .

Er

Ungebetene Silhouette
in mitternächtlichen Albträumen,
ungreifbare Leidenschaft,
unbändige Sehnsucht,
ein Wind,
der in deiner Seele Brände entfacht
und dann davon fliegt
mit dem Vogelzug . . .

Песен

По оголения нерв
подскача болката
като по струна.
Превръща ме в песен,
когато безмълвно
душата своите рани лекува . . .
С тях да се мятам в треска,
да стена,
да се изливам в гласеца
на тиха сълза,
докато някой ден
замлъкна в белег
и като спомен за болка
в нощта отзвуча . . .

Lied

Auf dem blanken Nerv
springt der Schmerz
wie auf einer Saite.
Er verwandelt mich in ein Lied,
wenn still und leise
die Seele ihre Wunden heilt . . .
Mich mit ihnen im Fieber zu wälzen,
zu stöhnen,
mich auszuschütten
mit der Stimme leiser Tränen,
bis ich eines Tages
in Narben verstumme
und in Erinnerung an den Schmerz
widerhalle des nachts . . .

Животът

Това усещане за „съм“,
с което се събуждаш сутрин,
за да бъдеш сред сезоните
надеждата за вездесъщност
някой ден . . .

Животът – този зов за вечност,
напук на твоята обреченост
да се родиш
и после да изчезнеш
сред пустини
от нетленност и безвремие.

Животът – тази непонятна сила,
която те издига и руши,
и разпилява,
за да те върне
пак към теб,
събран в две шепи обич.

Животът сякаш е
най-страшната от всички дроги . . .

LEBEN

Dieses Fühlen von „ich bin“,
mit dem du morgens erwachst,
um in den Jahreszeiten
die Hoffnung auf Allgegenwart zu sein
eines Tages . . .

Das Leben – dieser Ruf nach Ewigkeit,
deiner Bestimmung zum Trotz,
geboren zu werden
und irgendwann zu verschwinden
in Wüsten,
unvergänglich und zeitlos.

Das Leben – diese unergründliche Macht,
die dich aufbaut und zerstört
und zerstreut,
um dich dir
wieder zurückzugeben,
gesammelt in zwei Handvoll Liebe.

Das Leben – als wäre es
die schrecklichste aller Drogen . . .

Inhalt

Zeitweise Rückkehr

Niemandes Spiegel

Nichtgewöhnung

Bitte beachten Sie auch
die Titel auf den folgenden Seiten

Evelina Jecker Lambreva

Vaters Land

Roman

160 S., Hardcover mit Schutzumschlag

ISBN: 978-3-99200-106-4

Braumüller Literaturverlag, Wien 2014

Inna Kamenarova, eine bulgarische Ärztin, die nach der Wende ein neues Leben in der Schweiz angefangen hat, bricht mit Mann und Sohn überstürzt zur Beerdigung ihres plötzlich verstorbenen Vaters in ihr Geburtsland auf. Das Verhältnis zum Vater, einem schwer traumatisierten Mann, war belastet, seit Inna sich erinnern kann – und sie erinnert sich gut.

Dem Leser wird in Rückblenden diese Vergangenheit in hautnahen, spontan wirkenden Schilderungen und Szenen voller Atmosphäre erzählt. Dabei steht das traumatische Verhältnis von Vater und Tochter keineswegs uneingeschränkt im Vordergrund. Nein, was ihn anziehen könnte, sind traum-schöne Schilderungen des natürlichen Reichtums Bulgariens sowie anrührender Begegnungen mit Menschen, die die stets politisch induzierte Tragödie eines Landes konterkarieren, dem es ohne skrupellose Stalinisten und Funktionäre heute wirtschaftlich und sozial sehr gut gehen könnte.

Vielleicht in keinem anderen der bisher in deutscher Sprache erschienenen Romane über Bulgarien haben wir so unmittelbar in das Leben der einfachen Leute schauen können. Diese Eltern und Großeltern, von denen *Vaters Land* erzählt, könnten unsere eigenen sein . . .

Pressestimmen

Umso anrührender beschreibt die Autorin das bedrückende, von Armut bedrohte Leben auf dem Land, wo die Zeit stehen geblieben ist und doch, obwohl jeder gegen jeden kämpft, bei aller Hoffnungslosigkeit immer wieder Mut und Herzenswärme anzutreffen sind. Ein Lichtblick in dieser eindringlichen Momentaufnahme von einem Land im Stillstand.

Deutschlandradio Kultur

Ein beeindruckendes Buch, das die Zeit des eisernen Vorhangs im Spiegel einer Lebens- und Familiengeschichte zeigt, das von Armut und Verfolgung erzählt. Widerstand wird zum Überlebensmotor, das Wiedersehen mit einer Automarke, dem Wolga, ein zufälliges Wiedersehen übrigens, zu einer sanftes Versöhnung mit dem Vater. Das Ich lässt uns mitleiden, mitzürnen, mitträumen und mitaufbrechen, es ist eine starke Kraft in diesem Ich, dass Zeitgeschichte begreift und damit auch die eigene Biografie, ein Ich, mit dem man wachsen kann.

Welt der Frau. Die österreichische Frauenzeitschrift

Mit *Vaters Land* gelingt Evelina Jecker Lambreva ein vielschichtiger und unterhaltsamer Roman, in dem sich Familien- und Zeitgeschichte verschränken und für die Lesenden greifbar werden.

Besprechungen. Berichte und Rezensionen aus den Büchereien Wien

Die Schriftstellerin Evelina Jecker Lambreva, Jahrgang 1963, die wie ihre Romanheldin in der Schweiz lebt, wo sie als Psychiaterin und Psychotherapeutin praktiziert, versteht sich auf die Kunst des plastischen, anschaulichen Erzählens, das zum Staunen ständig Anlass bietet. Sie erzählt von Menschen, denen jede Chance geraubt wurde, früher ebenso wie heute. Trostlos wirkt der Roman dennoch nie.

Salzburger Nachrichten

Traurig, ausgereift, intensiv und berührend ist dieser Roman von Evelina Jecker Lambreva, ein Stück Vaters Land, ein Stück Geschichte und noch dazu ein Stück gute Literatur.

Bücherschau, Wien

„Vaters Land" ist eine bewegende, ja streckenweise zu Tränen rührende Auseinandersetzung mit der Vergangenheit einer klugen, kritischen und zugleich sentimental-nostalgischen Frau – und mit den Widersprüchen einer im Grunde vormodernen Gesellschaft im Übergang in eine prekäre EU-Zukunft. Ein beachtliches Romandebüt.

Literarischer Monat; auch in www.literaturkritik.de

*

Evelina Jecker Lambreva u. a.

Gegenwarten

Bulgarische Prosa nach 1989

Übersetzt und herausgegeben von Thomas Frahm

202 S., Hardcover mit Schutzumschlag

ISBN 978-3-929634-64-8

CHORA Verlag, Duisburg 2015

Lange haben die Bulgaren unter dem Gefühl „fehlender Gegenwart" gelitten, sei es, dass sie abgeriegelt waren von jenem Europa, zu dem sie sich doch zugehörig fühlen, sei es, dass sie Opfer ungezählter gesellschaftlicher Brüche und politischer Neuanfänge waren, bei denen alles Vorherige dem Neuen geopfert und damit zunichte gemacht wurde. In elf Erzähltexten von zehn lebenden (teils zum erstenmal mit Prosa auf deutsch zu lesenden) bulgarischen Autor(inn)en entwirft dies Buch ein Bild des bulgarischen Lebensalltags heute, wie er meist zu kurz kommt in der Berichterstattung. Die Frage, ob und wieviel(e) Gegenwart(en) es in Bulgarien 25 Jahre nach der sogenannten „Wende" gibt, darf und soll sich jede Leserin, jeder Leser individuell beantworten.

Inhalt